34

供电企业生产技能人员标准化作业培训教材

输电线路停电修补导地线（开断重接）

福建省电力有限公司 组编

输变电

中国电力出版社
CHINA ELECTRIC POWER PRESS

内 容 提 要

本册书是按照《供电企业生产技能人员标准化作业培训教材》体系的要求，结合生产实际编写而成。本册书根据架空线路导地线开断重接的标准化作业指导书，介绍停电修补导地线的工作方法、作业步骤和安全注意事项。通过流程梳理、危险点分析及操作实例介绍，掌握开断重接导地线所需工器具、材料、质量标准、作业中的危险点预控、操作步骤、管理要求等内容。

本册书作者都是长期从事电力生产一线的员工，有较为丰富的现场实际经验，所列举的案例也是实际生产过程中所发生的，具有较强的生产现场指导意义。本册书可作为供电企业输电线路生产技能人员的培训教学用书，也可作为电力职业院校教学参考用书。

图书在版编目（CIP）数据

供电企业生产技能人员标准化作业培训教材. 输变电/福建省电力有限公司组编. —北京：中国电力出版社，2012.12

ISBN 978-7-5123-3810-4

Ⅰ. ①供… Ⅱ. ①福… Ⅲ. ①供电－工业企业管理－标准化管理－中国－技术培训－教材 ②输电－电力系统－技术培训－教材 ③变电所－电力系统－技术培训－教材 Ⅳ. ①F426.61

中国版本图书馆 CIP 数据核字（2012）第 287838 号

中国电力出版社出版、发行

（北京市东城区北京站西街 19 号 100005 http://www.cepp.sgcc.com.cn）

北京九天众诚印刷有限公司印刷

各地新华书店经售

*

2013 年 1 月第一版 2013 年 1 月北京第一次印刷

787 毫米×1092 毫米 16 开本 84 印张 1766 千字

全册定价 **232.00** 元

编 委 会

编 写 组

主　　编　李功新

副 主 编　叶继宏　金昌榕　陈大凤　张　荣

编写组组长　林　平

成　　员（按姓氏笔画排序）

王全兴　王恒山　叶立群　叶色亮　朱　菁

庄　严　庄沪生　刘志平　严有祥　李　春

李　超　李勇明　李积捷　李萌峰　杨文陵

杨志豪　杨建平　杨毓庆　连鸿松　肖颂勇

吴　达　吴志成　吴奇宝　吴辉煌　吴簪麟

邱振敏　沈明松　沈谢林　张绍明　陈　影

陈艺鑫　陈日坤　陈祥舒　陈朝晖　陈德兴

林　衡　林一泓　林志敏　林志强　林轶群

林海渊　欧世尧　欧永连　罗　松　罗　毅

金建宁　郑哲人　郑雄俊　郑黎斐　赵道阳

施　纬　施广宇　洪西卿　钱志立　翁晓锋

涂恩来　黄　亮　黄国敏　董　磊　傅智为

潘晨曦

前言

preface

为了更好地服务“五大”体系建设，提升生产技能人员良好的“职业化”行为习惯，建立与现场标准化作业生产环境一致的培训课程体系，福建省电力有限公司以现场标准化作业指导书为蓝本，组织开展生产技能标准化作业培训教材的编写工作。为确保教材的编写质量和进度，由总工程师李功新主抓此项工作，多次召集工作协调会，定期听取编写进度汇报；人力资源部负责教材编写的组织工作，运维检修部、科技信通部和调度控制中心负责教材编写的具体工作，福建省电力有限公司和基层单位技术专家组成教材编写与审定小组，公司培训中心负责教材编写框架和编写规范的制订、编写进度跟踪及其他协调工作。

本套教材集中了福建省电力有限公司众多专家学者的智慧，采用了全新的组织架构，突出了基于现场标准化作业的培训特色。本套教材分为配电专业、输变电专业和二次专业三本书，包括 91 项现场标准化作业项目（子分册），具有很强的针对性和实用性。各项目（子分册）分为两部分：第一部分介绍了各项目的工作流程、工作质量标准与控制、危险点分析与预控、管理与记录要求、作业案例等；第二部分罗列了标准化作业指导书等标准化作业文本，并结合第一部分的作业案例说明了标准化文本的填写规范。部分项目（子分册）还在附录部分对设备等内容进行了说明。

其中，配电专业分为架空线路、配电设备、计量装置及其他设备，由福建省电力有限公司运维检修部高级工程师姚亮担任编写组长，福州电业局、厦门电业局、莆田电业局、泉州电业局、漳州电业局、龙岩电业局、三明电业局、南平电业局、宁德电业局、福清电力公司、石狮电力公司、晋江电力公司、南安电力公司、长乐电力公司等单位的专家参与编写工作。输变电专业分为开关类、线圈类和架空线路及电缆，由福建省电力有限公司运维检修部高级工程师林平担任编写组长，福建省电力科学研究院、检修分公司、福州电业局、厦门电业局、莆田电业局、泉州电业局、漳州电业局、龙岩电业局、三明电业局等单位的专家参与编写工作。二次专业分为继电保护、综合自动化、直流系统和电力通信，由福建省电力有限公司调度控制中心高级工程师宋福海、科技信通部高级工程师连纪文担任编写组长，福建省电力科学研究院、检修分公司、信息通信分公司、福州电业局、厦门电业局、莆田电业局、泉州电业局、龙岩电业局、三明电业局、南平电业局等单位的专家参与编写工作。

本册由厦门电业局严有祥担任编写组长，厦门电业局叶色亮、福州电业局王全兴、泉州电业局吴志成、三明电业局沈明松、李春等编写；福建省电力有限公司运维检修部吴虹主审，福建省电力有限公司运维检修部林力辉、漳州电业局李郭然、福建省电力有限公司检修分公司倪孟华、厦门电业局胡志猛、吴增辉、福建省电力科学研究院李强等参审。

本教材在编写、审定过程中得到了福建省电力有限公司有关单位领导和专家的大力支持和帮助，在此一并感谢。同时，也感谢中国电力出版社的大力支持。

由于编者能力所限及编写时间仓促，难免存在疏漏之处，恳请各位专家和读者提出宝贵意见。

目录

contents

第一部分

标准化作业培训

1 作业描述

根据架空线路导地线开断重接的标准化作业指导书，介绍停电修补导地线的工作方法、作业步骤和安全注意事项。通过流程梳理、危险点分析及操作实例介绍，掌握开断重接导地线所需工器具、材料、质量标准、作业中的危险点预控、操作步骤、管理要求等内容。

2 工作流程

停电修补导地线（开断重接）的工作流程如图 1-1 所示。

3 工作质量标准与控制

3.1 引用标准

GB 50233—2005 《110～500kV 架空送电线路施工及验收规范》

GB 50545—2010 《110～750kV 架空送电线路设计规范》

DL/T 741—2010 《架空输电线路运行规程》

3.2 质量控制

3.2.1 导线切断重接的标准

导线在同一处损伤符合下述情况之一时，将损伤部分全部割去，重新以接续管连接。

（1）导线损失的强度或损伤的截面积超过采用补修管补修的规定时。

（2）连续操作的截面积或损伤强度都没有超过以补修管补修的规定，但其操作长度已超过补修管能补修范围时。

（3）复合材料的导线钢芯有断股时。

（4）导线出现灯笼的直径超过导线直径的 1.5 倍而又无法修复时。

（5）金钩、断股已使钢芯或内层形成无法修复的永久变形时。

3.2.2 导线切断重接的质量控制

（1）不同金属、不同规格、不同绞制方向的导线或架空地线，严禁在一个耐张段内连接；

（2）液压连接时，操作人员必须经过培训及考试合格，持有操作许可证。连接完成并自检合格后，应在压接管上打上操作人员的钢印。

（3）对不同规格型号的导地线应严格按照压接工艺及步骤进行操作。

（4）架线工程开工前应对该工程实际使用的导线、避雷线及相应的液压管，同配套的钢模，按本规程规定的操作工艺，制作检验性试件。每种型式的试件不少于 3 根（允许接续管与耐张线夹做成一根试件）。试件的握着力均不应小于导线及避雷线保证计算拉断力的 95%。如果发现有一根试件握着力未达到要求，应查明原因，改进后做成加倍的试件再试，直至全部合格。

（5）导线切割及连接应符合下列规定：

1）切割导线铝股时严禁伤及钢芯。

2）切口应整齐。

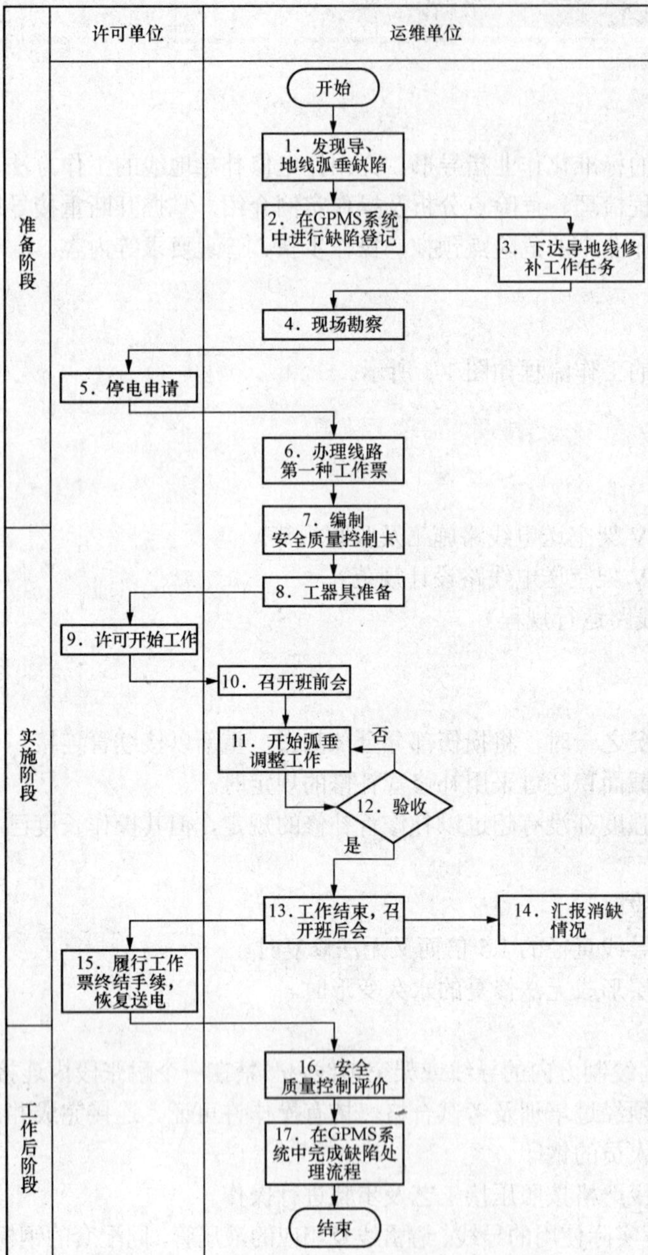

流程描述

流程开始。

1．运检班组巡视人员在巡视中发现损伤缺陷。

2．巡视人员在GPMS系统中进行缺陷登记，在班长审核确认后提交给部门专责，发起缺陷处理流程。

3．部门线路专责根据所上报的缺陷，给出处理意见，并提交给缺陷处理班组，布置工作任务。

4．消缺班组对缺陷现场进行勘察确定施工方案（锯断重接）。

5．向调度申请停电，由调度根据实际情况平衡协调后列入周停电计划。

6．办理工作票手续。

7．根据停电修补导地线的标准作业指导书内容及现场实际编制安全质量控制卡。

8．运检班组做好消缺前工器具的准备工作。

9．向调度部门履行工作许可手续，确认线路已停电。

10．工作负责人组织全体工作人员列队，交待工作任务、安全措施、注意事项，工作人发布开始工作的命令。

11．按照标准作业指导卡所列的操作步骤进行导地线修补工作。

12．按照运规要求对修补后的导地线情况进行验收，合格则工作结束，否则继续处理缺陷。

13．工作结束后，工作负责人召开班后会，对当天的工作进行总结、分析。

14．工作结束后，工作负责人向部门专责汇报缺陷消除情况。

15．工作结束后，工作负责人向调度部门履行工作票终结手续。

16．工作负责人对安全质量控制卡进行评价。

17．工作负责人在GPMS中完成缺陷处理流程。

流程结束

图 1-1　停电修补导地线（开断重接）的工作流程图

3）导线及架空地线的连接部分不得有线股绞制不良、断股、缺股等缺陷。

4）连接后管口附近不得有明显的松股现象。

（6）采用液压连接导线时，导线连接部分外层铝股在洗擦后应薄薄地涂上一层电力复合脂，并用钢丝刷清除表面氧化膜，应保留电力复合脂进行连接。

（7）各种接续管连接前必须测量管的内、外直径及管壁厚度，不合格者严禁使用。

（8）接续管压接后应检查外观质量：

1）用精度不低于 0.1mm 的游标卡尺测量压后尺寸，各种液压管压后对边距尺寸 S 的最大允许值为

$$S_{max}=0.866\times(0.993D)+0.2$$

式中：D 为管外径，mm。

但三个对边距只允许有一个达到最大值，超过此规定时应更换钢模重压。

2）飞边、毛刺及表面未超过允许的损伤，应挫平并用 0 号砂纸磨光。

3）弯曲度不得大于 2%，有明显弯曲时应校直。

4）校直后的接续管如有裂纹，应割断重接。

（9）在一个档距内每根导线或架空地线上只允许有一个接续管：

1）接续管与耐张线夹出口间的距离不应小于 15m。

2）接续管与悬垂线夹中心的距离不应小于 5m。

3）接续管与间隔棒中心的距离不宜小于 0.5m。

4　安全风险分析与预控

4.1　危险点 1：触电伤害

事故案例

10 月 25 日，××电业局送电处检修一班按计划进行 35kV××Ⅰ线（色标为红黑相间）停电清扫和消缺工作。35kV××Ⅰ线从 110kV××变电站出线 1 号塔与 35 kV××线同杆架设，自 2 号塔起与 35kV××Ⅱ线（色标为黄白相间）同杆架设。作业人员马×在未认真核对线路名称和辨认线路色标，进入另一侧带电的××Ⅱ线间隔，系好安全带后准备紧固引流线线夹螺丝，用左脚钩导线时触电死亡。

防范措施

（1）同杆塔架设多回线路中部分线路停电的工作中，登杆塔和在杆塔上工作时，每基杆塔都应设专人监护。（《国家电网公司电力安全工作规程（线路部分）》第 5.3.5.4 条）

（2）作业人员登杆塔前应核对停电检修线路的识别标记和双重名称无误后，方可攀登。登杆塔至横担处时，应再次核对停电线路的识别标记与双重称号，确实无误后方可进入停电线路侧横担。（《国家电网公司电力安全工作规程（线路部分）》第 5.3.5.5 条）

（3）在杆塔上进行工作时，不准进入带电侧的横担，或在该侧横担上放置任何物件。（《国家电网公司电力安全工作规程（线路部分）》第 5.3.6 条）

4.2　危险点 2：感应电伤害

事故案例

5 月 25 日，××超高压输变电公司按计划对 500kV××Ⅱ回 419 号～735 号杆塔进行绝

缘子清扫和消缺工作。金×在杆塔上U相装设好保安线后，准备取工具包转移作业点时，身体意外失去平衡，右手抓住保安线（保安线有透明绝缘套管），导致保安线的接地夹具从塔材上脱出，接地端击中左胸靠近心脏部位，因感应电击休克死亡。

防范措施

（1）个人保安线应在杆塔上接触或接近导线的作业开始前挂接，作业结束脱离导线后拆除。装设时，应先接接地端，后接导线端，且接触良好，连接可靠。拆个人保安线的顺序与此相反。个人保安线由作业人员负责自行装、拆。（《国家电网公司电力安全工作规程（线路部分）》第3.5.2条）

（2）在330kV及以上电压等级的带电线路杆塔上及变电站构架上作业，应采取穿着静电感应防护服、导电鞋等防静电感应措施（220kV线路杆塔上作业时宜穿导电鞋）。（《国家电网公司电力安全工作规程（线路部分）》第5.4.1条）

（3）在变电站、发电厂出入口处或线路中间某一段有两条以上相互靠近的平行或交叉线路时，在该段线路上工作，登杆塔时要核对停电检修线路的双重名称无误，并设专人监护。（《国家电网公司电力安全工作规程（线路部分）》第5.2.4条）

（4）工作负责人（工作监护人）应认真履行监护职责，及时制止工作人员的违章行为。（《国家电网公司电力安全工作规程（线路部分）》第5.5.2条、第5.5.4条）

（5）工作班成员应熟悉工作内容、工作流程，掌握安全措施，明确工作中的危险点，并自觉遵守《国家电网公司电力安全工作规程（线路部分）》等安全规章制度，认真执行安全规程和实施现场安全措施。（《国家电网公司电力安全工作规程（线路部分）》第5.5.5条）

4.3 危险点3：高空坠落

事故案例

9月5日，××公司超高压局安排500kV××Ⅱ回线路停电检修，工作共分七个小组进行，其中第三小组工作负责人高×，工作组成员叶×、黄×和何×。28日14:20高×、何×二人到达72号塔位，高×明确了72号塔工作内容，安排何×在地面做配合并进行监护，自己登塔工作。高×完成了塔上工作后，开始从33m高程沿脚钉下塔，15:00左右，下行至约16m高程时，失手坠落于塔下，送医院抢救无效死亡。

防范措施

（1）作业人员攀登杆塔、杆塔上转位及杆塔上作业时，手扶的构件应牢固，不准失去安全防护，并防止安全带从杆顶脱出或被锋利物损坏。（《国家电网公司电力安全工作规程（线路部分）》第6.2.3条）

（2）高处作业人员在作业过程中，应随时检查安全带是否拴牢。高处作业人员在转移作业位置时不准失去安全带防护。（《国家电网公司电力安全工作规程（线路部分）》第7.10条）

（3）工作负责人、专责监护人应始终在工作现场，对工作班人员的安全进行认真监护，及时纠正不安全的行为。（《国家电网公司电力安全工作规程（线路部分）》第2.5.1条）

4.4 危险点4：坠物伤人

事故案例

3月20日，××送电工区线路二班对220kV××线路进行检修工作，其中33号铁塔更换绝缘子的工作由梅×担任组长，塔上工作人员有三人担任，地勤人员有任×、熊×及5

名临时工。9:00 左右开始工作，10:30 左右塔上、塔下工作人员分别将新、旧绝缘子串绑扎好后，采用循环吊方式将旧绝缘子放下，新绝缘子吊上。当新绝缘子串上升到接近铁塔下横担（离地面约 18m）时，熊×从重物（新绝缘子串）下通过，正遇上白棕绳结头滑脱，新绝缘子串从高处坠落，击中熊×头部（安全帽被砸烂），送医院途中死亡。

防范措施

（1）杆塔作业应使用工具袋，较大的工具应固定在牢固的构件上，不准随便乱放。上下传递物件应用绳索拴牢传递，禁止上下抛掷。在杆塔上作业，工作点下方应按坠落半径设围栏或其他保护措施。杆塔上无法避免垂直交叉作业时，应做好防落物伤人的措施，作业时要相互照应，密切配合。（《国家电网公司电力安全工作规程（线路部分）》第 6.2.5 条）

（2）在进行高处作业时，除有关人员外，不准他人在工作地点的下面通行或逗留，工作地点下面应有围栏或装设其他保护装置，防止落物伤人。（《国家电网公司电力安全工作规程（线路部分）》第 7.13 条）

5 管理与记录要求

（1）召开班前会、班后会。

（2）将停电修补导地线的参数等信息录入 GPMS 系统。

（3）将班前会和班后会录音上传至 GPMS 系统，并做好登记。

（4）将本次作业过程记录录入到 GPMS 系统，进行评估和终结作业流程。

6 作业案例

110kV 北西Ⅰ路 19 号杆向 18 号杆 35m 处，导线出现打金钩。如图 1-2 所示。

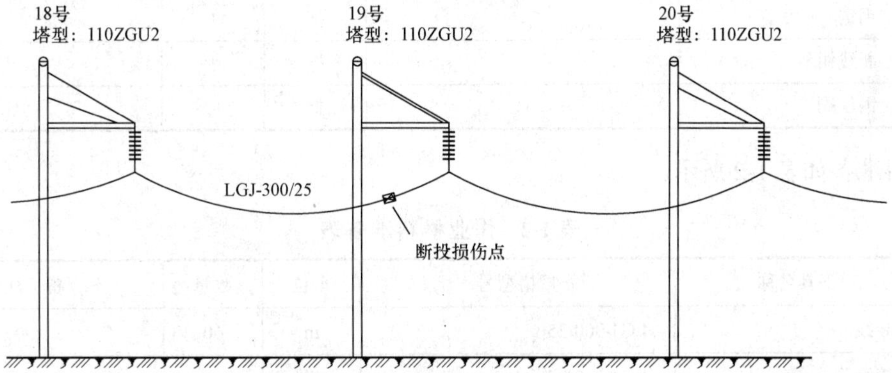

图 1-2 现场设备情况示意图

6.1 作业前准备

（1）现场勘察。工作负责人接到导线补修任务后，应组织有关人员进行北西Ⅰ路 18～20 号现场勘察。应查看接受的任务是否与现场相符，了解作业现场的条件、环境、危险点及停电范围，保留的带电部位和重要交叉跨越，使用经纬仪（全站仪）复核导地线损伤情况，确定对该档导线开断重接。勘察完后填写现场勘察单。

（2）办理电力线路第一种工作票。工作票签发人签发线路第一种工作票，明确工作负责人、工作班成员、停电范围和保留的带电部位。

（3）编制安全质量控制卡。工作负责人根据作业项目编制班组作业安全质量控制卡，经部门专责及以上管理人员审批。

（4）工器具准备。工器具准备见表 1-1。

表 1-1　作业工器具准备表

序号	工具名称	规格型号	单位	数量	备　注
1	验电笔	110kV	把	2	
2	接地线	110kV	副	2	
3	绝缘手套		副	1	
4	个人保安线	5m	副	1	
5	千斤绳		条	5	
6	滑车		只	10	2～3 滑车组用 5 只
7	吊物绳索	ϕ20×60m	条	2	
8	滑车组绳索	ϕ20×100m	条	1	
9	钢丝绳		根	2	
10	绞磨		台	2	
11	地锚		根	2	
12	压模	LGJ-300/35	副	1	
13	液压机		台	1	
14	游标卡尺	0.02mm	把	1	
15	钢卷尺	3m	把	1	
16	钢锯		把	1	
17	断线钳		把	1	
18	钢丝刷		把	1	

材料准备如表 1-2 所示。

表 1-2　作业材料准备表

序号	工具名称	规格型号	单位	数量	备　注
1	导线	LGJ-300/25	m	60	
2	接续管	LGJ-300/25	组	1	
3	铁丝	18 号	kg	5	绑扎用
4	汽油	93 号	L	若干	清洗用
5	棉纱		块	若干	清洗用
6	防锈漆		桶	1	
7	导电脂		罐	1	

（5）工作许可。工作负责人向调度值班员办理线路第一种工作票许可手续，工作负责人应在工作票上记录许可时间、许可人，并签名。

（6）召开班前会。工作负责人宣读工作票、交待工作任务、安全措施、注意事项，做好任务分工：18 号、20 号塔上电工 1 名（负责损伤导线锚固）、地面电工各 3 名；19 号塔上电工 1 名（负责拆除悬垂线夹、放落损伤导线）、地面电工 2 名。地面压接人员 2 名，负责导线压接。17 号、21 号杆上电工 1 名（负责接地线装设、拆除），地面电工 1 名。工作班成员清楚后进行签字。

（7）验电、装设接地线。工作班成员按照任务分工，分别在 17 号、21 号登塔验电，验明线路确无电压，立即装设接地线，接地线安装位置为 17 号后侧，21 号前侧。工作接地线挂设完成后，工作负责人方可宣布开工。

6.2 作业中控制

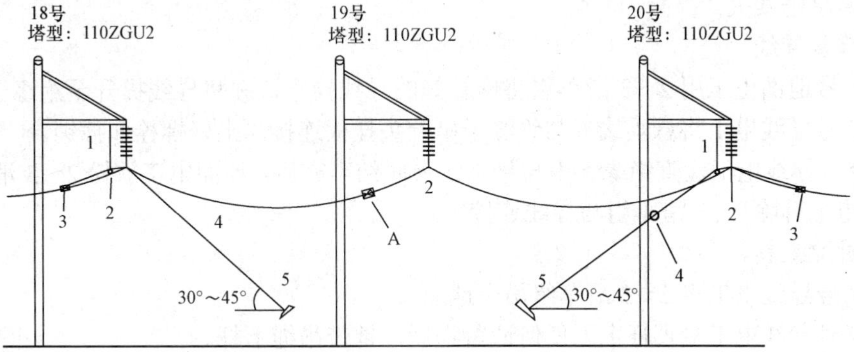

图 1-3 修补导线施工布置图

1—钢丝绳；2—滑车；3—卡线器；4—临时拉线；5—角铁桩

（1）安装工具。

1）18 号、20 号塔上电工携带传递绳、滑车攀登杆塔至作业点横担位置，挂好滑车和传递绳，导线电工沿绝缘子串进入导线。

2）18 号、20 号地面电工组装好卡线器、钢丝绳、滑车，吊至作业点横担；摆放好绞磨，打好角桩。

3）18 号、20 号塔上电工和地面电工配合，安装导线锚线工具的滑车。

4）18 号、20 号导线电工出导线 5m 处安装卡线器，地面电工将钢丝绳盘入绞磨，在卷筒上的卷绕圈数不少于 5 圈，初步收紧钢丝绳。

5）18 号、20 号导线电工退出导线至横担侧。

6）18 号、20 号地面电工转动绞磨，至钢丝绳完全受力，钢丝绳尾线固定在角桩上。

（2）放落待修补的导线。

1）19 号塔导线电工携带传递绳、滑车攀登杆塔至作业点横担位置，挂好滑车和传递绳。

2）19 号塔地面电工组装 2～3 滑车组、导线吊钩和千斤绳，吊至铁塔横担处。

3）19 号导线电工与地面电工配合安装 2～3 滑车组。

4）19 号地面电工收紧绳索，将绝缘子串、悬垂线夹受力转移到 2～3 滑车组。

5）19 号导线电工下导线侧，拆除悬垂线夹与绝缘子串碗头挂板连接螺栓，并退至铁塔横担处。

6）19 号地面电工将导线放落地面。

（3）修补导线。

1）割线：将导线损伤处两侧切断，必须满足补修后每个档距只能有 1 个接续管，且与悬垂线夹中心的距离不小于 5m，导线及避雷线的受压部分应平整完好，同时与管口距 15m 以内应不存在必须处理的缺陷，液压的导线及避雷线的端部在割线前应先将线掰直，并加防止松散的绑线，切割时应与轴线垂直。在钢芯铝绞线割断铝股时，严禁伤及钢芯。

2）清洗接续管：对使用的各种规格的接续管，应用汽油清洗管内壁的油垢，并清除影响穿管的锌疤与焊渣。镀锌钢绞线的液压部分穿管前应以棉纱擦去泥土，如有油垢应以汽油清洗，清洗长度应不短于穿管长的 1.5 倍；钢芯铝绞线的液压部分在穿管前，应以汽油清除其表面油垢，清除的长度对先套入铝管端应不短于铝管套入部位，对另一端应不短于半管长的 1.5 倍。

3）压接：严格按照导线压接工艺进行压接操作。

4）安装悬垂线夹，按照旧导线悬垂线夹安装位置在新导线上量取尺寸，上好预绞丝补修条，安装悬垂线夹。

（4）恢复导线。

1）19 号地面电工用 2～3 滑车组将修补好的导线拴牢，并将导线提升至绝缘子串处。

2）19 号导线电工将悬垂线夹与绝缘子串碗头挂板连接，上好螺栓和插销。

3）19 号导线电工检查绝缘子串与悬垂线夹联结牢靠后，地面电工放松 2～3 滑车组控制绳，导线电工拆除 2～3 滑车组与导线连接。

（5）拆除工具。

1）19 号导线电工将 2～3 滑车组吊至地面。

2）19 号导线电工检查杆上无任何遗留物后，携带吊绳下杆。

3）18 号、20 号地面电工转动绞磨，放松牵引绳，导线电工出线拆除卡线器和钢丝绳，与塔上电工配合，拆除钢丝绳滑车，将卡线器、钢丝绳吊至地面；

4）18 号、20 号导线电工、横担电工携带吊绳下塔。

（6）拆除接地线。

1）17 号塔上电工拆除前侧三相接地线并吊至地面。

2）21 号塔上电工拆除后侧三相接地线并吊至地面。

3）17 号、21 号塔上电工携带滑车、绳索下塔。

（7）清理现场。工作负责人全面检查工作完成情况，清理现场工具，检查杆上有无遗留物，无误后撤离现场，做到工完、料尽、场地清。

（8）工作终结。工作负责人向调度值班员办理线路第一种工作票终结手续，工作负责人应在工作票上记录终结报告时间、许可人，并签名。

6.3 作业后小结

（1）召开班后会，总结、检查作业过程中存在的问题和经验，并提出改进措施。

（2）将本次作业指导书录入到 GPMS 系统中，并进行评估。

（3）完成 GPMS 系统中缺陷处理流程。

（4）将班前会和班后会录音上传至录音系统，并做好登记。

思考与练习

1．送电线路导线在同一处的损伤达什么程度时，必须切断重接？

2．导线在压接前的净化处理有何要求？液压连接导、地线需注意哪些事项？

第二部分 标准化作业文本

1 标准化作业指导书

架空线路停电修补导、地线（开断重接）

作 业 指 导 书

编写：__________ ______年______月_____日

审核：__________ ______年______月_____日

批准：__________ ______年______月_____日

工作负责人：

作业日期： 年 月 日 时至 年 月 日 时

××××公司

1 范围

本指导书适用于架空线路停电修补导、地线（开断重接）作业。

2 引用文件

GB 50233—2005 《110～500kV 架空送电线路施工及验收规范》

DL/T 5092—1999 《110～500kV 架空送电线路设计技术规程》

Q/FMD 1.0018—2009 《35～220kV 架空送电线路检修规程》

Q/GDW 174—2008 《架空输电线路状态检修导则》

Q/GDW 173—2008 《架空输电线路状态评价导则》

国家电网安监〔2009〕664 号 《国家电网公司电力安全工作规程》（线路部分）

国家电网生（2006）935 号 《架空输电线路管理规范》

闽电生产〔2007〕567 号 《福建省电力有限公司架空输电线路管理规范实施细则》

国家电网科〔2008〕49 号 《国家电网公司输变电设备状态检修试验规程》

生输〔2008〕77 号 《福建省电力有限公司输电线路状态检修导则实施细则（试行）》

闽电生产〔2008〕723 号 《福建省电力有限公司输变电设备状态检修试验规程实施细则》

国家电网生〔2009〕190 号 《国家电网公司深入开展现场标准化作业工作指导意见》

闽电生产〔2011〕72 号 《福建省电力有限公司输变电设备检修现场标准化作业管理规定》

闽电安监〔2011〕190 号 《福建省电力有限公司防止人身事故六十条重点措施》

3 作业前工作准备

3.1 准备工作安排

√	序号	内　容	标　　准	责任人	备　注
	1	现场勘察	查看现场作业需要停电的范围、保留的带电部位和作业现场的条件、环境及其他危险点等；草拟现场示意图，初步确定作业方式，并填写《现场勘察单》		
	2	查阅有关资料	了解有关图纸资料，接线方式，运行方式。了解各杆塔档距大小，导线型号		
	3	组织作业人员学习作业指导书	理解工作任务、作业方式、质量标准、危险点及安全措施		

3.2 人员要求

√	序号	内　　容	责任人	备注
	1	作业人员应接受相应的安全生产教育和岗位技能培训，持送电线路专业上岗证书		
	2	作业人员经医师鉴定，无妨碍工作的病症；高处作业人员每年进行一次体检；学会紧急救护法，特别要学会触电急救		
	3	作业人员精神状态良好，着装整齐，个人工器具和劳保用品应齐全		

表（续）

√	序号	内　　容	责任人	备注
	4	工作负责人应穿红马甲，经《电业安全工作规程》考试合格，局安监部书面批准可以担任送电线路工作负责人的人员		

3.3 工器具准备

√	序号	工 具 名 称	规格型号	单位	数量	备注
	1	验电笔	110kV	把	2	
	2	接地线	110kV	副	2	
	3	绝缘手套		副	1	
	4	个人保安线	5m	副	1	
	5	千斤绳		条	5	
	6	滑车		只	10	2～3 滑车组用 5 只
	7	吊物绳索	ϕ20×60m	条	2	
	8	滑车组绳索	ϕ20×100m	条	1	
	9	钢丝绳		根	2	
	10	绞磨		台	2	
	11	地锚		根	2	
	12	压模	LGJ-300/35	副	1	
	13	液压机		台	1	
	14	游标卡尺	0.02mm	把	1	
	15	钢卷尺	3m	把	1	
	16	钢锯		把	1	
	17	断线钳		把	1	
	18	钢丝刷		把	1	

3.4 材料准备

√	序号	材 料 名 称	规格型号	单位	数量	备注
	1	导线	LGJ-300/25	m	60	与原导线型号相一致
	2	接续管	LGJ-300/25	组	1	
	3	铁丝	18 号	kg	5	绑扎用
	4	汽油	93 号	L	若干	清洗用
	5	棉纱		块	若干	清洗用
	6	防锈漆		桶	1	
	7	导电脂		罐	1	

3.5 危险点分析及预控措施

序号	危险点分析	预 控 措 施
1	误登杆塔	同塔双回路架设或多回路平行走向的送电线路，其中一回线路停电检修时，作业人员上杆塔前，必须至少有两人共同确认停电线路的名称、左右线和杆塔号后，再在一人监护的条件下登杆塔作业。不得进入带电侧横担，并与带电体保持 35kV－1.0m、110kV－1.5m、220kV－3.0m 及以上安全距离
2	触电伤害	1．工作负责人必须在得到工作许可人的工作许可命令后，方可指挥本班工作人员在停电工作线路上验电、接地（工作段两端和可能来电的 T 接点），而后进行线路检修作业。 2．送电线路的验电必须使用合格的、相应电压等级的专用验电器和接地线。在对线路进行验电前，必须先对验电器的声、光信号进行检查，不正常的验电器严禁使用。 3．线路经验明确无电压后，应立即装设接地线，工作接地线应全部列入工作票，工作负责人应确认所有工作接地线均已挂设完成方可宣布开工，接地线拆除后，严禁人员上塔作业。 4．装设接地线时，应先接接地端，后接导线端，接地线应接触良好、连接应可靠。拆接地线的顺序与此相反
3	感应电伤害	1．工作地段如有邻近、平行、交叉跨越及同杆架设线路，为防止停电检修线路感应电压伤人，在需要接触或接近导线工作时，应挂接个人保安线，作业结束脱离导线后拆除。装设时，应先接接地端，后接导线端，且接触良好，连接可靠。 2．在 330kV 及以上电压等级的带电线路杆塔上作业，应采取穿着静电感应防护服、导电鞋等防静电感应措施。 3．用绝缘绳索传递大件金属物品（包括工具、材料等）时，杆塔或地面上作业人员应将金属物品接地后再接触，以防电击
4	杆塔基础不牢引发坠落	送电线路检修作业人员在攀登杆塔之前，应对本杆塔的本体及其基础、拉线和脚钉（爬梯）的稳固情况进行检查。凡发现杆塔本体结构改变，杆塔基础（包括拉线基础）有塌方、下陷、冲刷、开挖等危及杆塔稳定的，杆塔拉线损坏或受力不平衡的，爬梯或脚钉损坏影响作业人员安全的情况等，作业人员不得上杆塔作业。但通过对杆塔拉线的调整、修复后恢复杆塔稳定的，爬梯或脚钉修复后不影响攀登杆塔人员安全的，作业人员可继续攀登杆塔进行线路检修作业
5	高处坠落	杆塔上作业人员必须使用双控安全带，且安全带应系在杆塔上牢固的构件上，并防止安全带被锋利的构件割伤。系安全带时，尚应注意正确搭扣、紧固并防止松脱
6	高处落物伤人	杆塔上作业人员应使用工具包，注意防止工器具、材料掉落，工器具、材料上下杆塔应使用绳索传递，严禁直接从杆塔上扔下。使用绳索进行工器具、材料传递时，应注意规范系好、系牢被传递物品，避免其在传递过程中突然掉落。高空作业点下方和物品传递位下方不得有人员逗留。在使用人力（民工）进行起吊重物作业时，必须配有足够的人力，临场必须有有经验的师傅统一指挥，并有可靠的制止重物回落的有效措施
7	设备缺陷造成伤害	作业人员进入金具、绝缘子串时，必须首先对金具、绝缘子串的联接情况进行检查，若发现金具、绝缘子串的联结有异常或损坏，影响作业人员的安全时，作业人员应立即退出金具、绝缘子串。对通过对其进行修复后不影响作业人员安全的，以及确认其联结正常的，可继续进行检修作业
8	工具故障	1．加强工器具保管、试验、使用全过程管理，根据现场荷载受力情况选用相应规格、型号的工器具，保证足够的安全系数。 2．工器具使用前应检查其外观是否良好，试验是否过期，发现有损伤或其他异常情况应停止使用，禁止冒险作业
9	倒杆断线	1．牵引时，不准利用树木或外露岩石作受力桩，一个锚桩上的临时拉线不准超过两根，临时拉线不准固定在有可能移动或其他不可靠的物体上。临时拉线应在永久拉线全部安装完毕承力后方可拆除。 2．检修杆塔不准随意拆除受力构件，如需要拆除时，应事先做好补强措施。调整杆塔倾斜、弯曲、拉线受力不均或迈步、转向时，应根据需要设置临时拉线及其调节范围，并应有专人统一指挥。 3．放线、紧线与撤线工作时，人员不准站在或跨在已受力的牵引绳、导线的内角侧和展放的导、地线圈内以及牵引绳或架空线的垂直下方，防止意外跑线时抽伤

3.6 作业分工

序号	作业内容	分组负责人	作业人员
1	工作负责人（监护人）：正确安全地组织工作，检查工作票安全措施是否正确完备，是否符合现场实际条件，对工作班组成员进行危险点告知、交待安全措施和技术措施，对作业过程进行安全监护。全面督促正确规范执行现场标准化作业，并负责作业卡编制、回收、检查归档等工作		
2	塔上电工、导线电工： 1．安装、拆卸施工工具。 2．高空调整双分裂导线弧垂		
3	地面作业人员： 1．调整施工工具。 2．升、放施工工具、材料。 3．协助监护现场作业人员的安全		
4	辅助民工： 1．搬运施工工具、材料。 2．协助地面电工升、放施工工具、材料		

4 作业程序

4.1 开工

序号	内容	责任人签名
1	工作负责人办理线路第一种工作票	
2	工作负责人经与调度联系，工作线路已转检修状态	
3	1．全体工作班成员穿戴全套劳保用品列队。 2．工作负责人穿好红马甲打开录音笔，宣读工作票、交待工作任务、安全措施、注意事项。 3．工作班成员明确后进行签字，工作负责人发布开始工作的命令	
4	验电，装设工作接地线。工作负责人接到工作地段两端接地线均已挂好的通知后，宣布开工	

4.2 作业内容及标准

序号	作业内容	作业工序及标准	安全措施及注意事项	责任人签字
1	作业准备	1．工作负责人核对线路的名称和编号。 2．工作班成员铺好防水苫布将工具摆放整齐进行外观检查，将锚线、紧线工具组装成待用状态。 3．检查杆塔基础及拉线是否完好	1．遇有冲刷、起土、上拔或导地线、拉线松动的杆塔，应先培土加固，打好临时拉线或支好架杆后，再进行登杆。 2．登杆工具应在试验期限内，登杆前要对脚扣和安全带做冲击试验	
2	锚固导线	1．塔上作业人员攀登至铁塔横担，在适当位置安装滑车、吊绳。 2．导线电工出导线 5m 处安装卡线器，地面电工将钢丝绳盘入绞磨。 3．地面电工转动绞磨，至钢丝绳完全受力，钢丝绳尾线固定在角桩上	1．导地线锚固应使用钢丝绳，不得使用白棕绳、麻绳。 2．牵引钢丝绳在卷筒上的卷绕圈数不得少于 5 圈，绳尾应固定在角桩上受力，并派专人看守。	

表（续）

序号	作业内容	作业工序及标准	安全措施及注意事项	责任人签字
2	锚固导线		3．打角桩时不准利用树木或外露岩石作受力桩，一个锚桩上的临时拉线不准超过两根，临时拉线不准固定在有可能移动或其他不可靠的物体上	
3	放落待修补的导线	1．地面电工组装 2～3 滑车组、导线吊钩和千斤绳，吊至铁塔横担处。 2．导线电工与地面电工配合安装 2～3 滑车组。 3．地面电工收紧绳索，将绝缘子串、悬垂线夹受力转移到 2～3 滑车组。 4．导线电工下导线侧，拆除悬垂线夹与绝缘子串碗头挂板连接螺栓，并退至铁塔横担处。 5．19 号地面电工将导线放落地面	1．吊升工具应绑扎牢固。 2．作业位置下方禁止人员逗留。 3．全体作业人员均应戴好安全帽。 4．放落导线时，要防止转向滑车脱出，应及时进行检查，牵引绳内角侧严禁站人，防止意外跑线时抽伤	
4	修补导线	1．对所使用的接续管进行清洗并清除导线表面污垢。 2．割线及穿管。 3．按照相应型号导线及接续管的要求进行导线压接工作。 4．安装悬垂线夹，按照旧导线悬垂线夹安装位置在新导线上量取尺寸，上好预绞丝补修条，安装悬垂线夹	1．在压接断线之前，必须严格校核断线尺寸及线号。画好印记后应立即复查，以确保正确无误。 2．压接较长铝管时,为防止压后管口处导线松股,在液压前用白布或吊带等顺绞制方向将铝线裹紧,施压时避免导线尾线弯曲。 3．导线的受压部分应平整完好，不存在必须处理的缺陷。 4．液压的导线端部在割线前应先将线调直，并应有防止松散的扎线，切割时切口应与轴线垂直。 5．液压时应注意控制油压，压接人员应站在液压机侧面，防止管件飞出伤人	
5	恢复导线	1．地面电工用 2～3 滑车组将修补好的导线拴牢，并将导线提升至绝缘子串处。 2．导线电工将悬垂线夹与绝缘子串碗头挂板连接，上好螺栓和插销。 3．导线电工检查绝缘子串与悬垂线夹联结牢靠后，地面电工放松 2～3 滑车组控制绳，导线电工拆除 2～3 滑车组与导线连接	1．高空作业人员应正确使用双控安全带，后备保护绳应挂在横担牢固构件上。 2．小材料、小工具应放在个人工具包中，不得乱放。 3．拆除滑车组前，应检查绝缘子串与悬垂线夹联结可靠	
6	拆除工具	1．地面电工转动绞磨，放松牵引绳，导线电工出线拆除卡线器和钢丝绳，将卡线器、钢丝绳吊至地面。 2．导线电工将 2～3 滑车组吊至地面。 3．塔上作业人员检查杆上无任何遗留物后，携带吊绳、滑车下塔	1．吊落工具时绑扎要牢固。 2．塔上作业人员解开安全带前应先把要带下塔的工具整理好。 3．解开安全带后应抓牢塔材下杆塔，不得进行其他作业	

4.3 竣工

序号	内　　容	负责人员签字
1	工作负责人全面检查工作完成情况，清理现场工具，检查杆上有无遗留物，无误后拆除两侧接地线，撤离现场，做到人走场清	
2	通知调度并终结工作票	
3	开班后会总结当日工作，做好工作记录。将班前班后会录音上传	
4	GPMS 系统相关记录录入，流程推进	

4.3 验收总结

序号	检　修　总　结		责任人签字（监护人）
1	验收评价		
2	存在问题及整改意见		

4.4 指导书执行情况评估

<table>
<tr><td rowspan="4">评估内容</td><td rowspan="2">符合性</td><td>优</td><td></td><td>可操作</td><td></td></tr>
<tr><td>良</td><td></td><td>不可操作项</td><td></td></tr>
<tr><td rowspan="2">可操作性</td><td>优</td><td></td><td>修改项</td><td></td></tr>
<tr><td>良</td><td></td><td>遗漏项</td><td></td></tr>
<tr><td>存在问题</td><td colspan="5"></td></tr>
<tr><td>改进意见</td><td colspan="5"></td></tr>
</table>

5 附录

2 安全质量控制卡

班组作业安全质量控制卡

作业名称：××kV××线×号至×号停电修补导地线（开断重接）

工作负责人编制：＿＿＿＿＿＿＿＿ 审批：＿＿＿＿＿＿＿＿

作业性质：停电消缺 计划时间： 年 月 日 时 分至 年 月 日 时 分

1 作业前

1.1 内业准备

序号	类 别	规 格	单位	数量	确认
1. 工器具					
1.1	个人工具	停电作业物品——个人工具	套	1	
1.2	标配工器具	标配工器具	套	1	
1.3	专用工器具	停电作业物品——专用工器具			
2. 材料					
2.1	个人备品	停电作业物品——个人备品			
2.2	专用材料	停电作业物品——专用材料			
3. 作业文件					
3.1	工作票编号				
3.2	现场勘察单	□已勘察 □无需勘察			
3.3	检修方案制定				
3.4	检修记录卡				
4. 录音笔					
5. 实际综合人日		技工		民工	

1.2 出工准备

序号	名 称	确认
1	任务分工	
2	出工前检查作业人员着装、劳动防护用品和精神状态	

2 作业中

2.1 班前会

2.1.1 危险点分析及安全控制措施交底

序号	危险点分析	安全控制措施	确认
1	误登杆塔	1．设专人监护。 2．登塔前必须仔细核对线路双重命名、杆塔号，确认无误后方可上塔。 3．现场作业人员配戴停电检修线路的识别标志卡	
2	触电、感应电伤害	1．开工前必须办理线路第一种工作票。 2．采用合格验电器进行验电并在工作地段两端挂接地线，未接到工作负责人通知，不得上塔作业。 3．接地线拆除后，严禁所有人员上塔。 4．工作地段如有邻近、平行、交叉跨越及同杆架设线路，为防止停电检修线路感应电压伤人，在需要接触或接近导线工作时，应挂接个人保安线，作业结束脱离导线后拆除	
3	高空坠落	1．确认杆塔的本体及其基础、拉线和脚钉（爬梯）的稳固情况以及脚扣、爬梯等登高工具、设施是否完整可靠。手脚应抓稳踏牢。杆塔有防坠装置的，应使用防坠装置。 2．高空作业人员应正确使用背带式双控安全带，安全带和保护绳应分挂在杆塔不同部位的牢固构件上，并防止被锋利物损坏。攀登杆塔、杆塔上移位时，双手不得持带工具物品等，作业时不得失去安全防护	
4	坠物伤人	1．作业人员必须正确配戴安全帽。 2．使用工具袋，较大工具等应固定牢靠，传递物件应使用绳索，禁止抛掷。工作点下方禁止人员通行或逗留，避免垂直交叉作业，无法避免时，应做好防坠物措施。公路边作业，应装设围栏并设专人看护，防止行人进入作业现场。 3．杆塔上作业人员要防止掉东西，使用的工器具、小材料应装在工具袋里。 4．传递物品所用绳索应完好无断股、灯笼	
5	工具故障	1．加强工器具保管、试验、使用全过程管理，根据现场荷载受力情况选用相应规格、型号的工器具，保证足够的安全系数。 2．工器具使用前应检查其外观是否良好，试验是否过期，发现有损伤或其他异常情况应停止使用，禁止冒险作业。 3．做好防止设备坠落、滑跑的后备保护，保护钢丝绳绑扎应牢固、有效，长度适中	
6	倒杆断线	1．牵引时，不准利用树木或外露岩石作受力桩，一个锚桩上的临时拉线不准超过两根，临时拉线不准固定在有可能移动或其他不可靠的物体上。临时拉线应在永久拉线全部安装完毕承力后方可拆除。 2．检修杆塔不准随意拆除受力构件，如需要拆除时，应事先做好补强措施。调整杆塔倾斜、弯曲、拉线受力不均或迈步、转向时，应根据需要设置临时拉线及其调节范围，并应有专人统一指挥。 3．放线、紧线与撤线工作时，人员不准站在或跨在已受力的牵引绳、导线的内角侧和展放的导、地线圈内以及牵引绳或架空线的垂直下方，防止意外跑线时抽伤。 4．紧线、撤线前，应检查拉线、桩锚及杆塔，必要时，应加固桩锚或加设临时拉绳，拆除杆上导线前，应先检查杆根，做好防止倒杆措施，严禁采用突然剪断导地线做法松线	

2.1.2 安全措施确认

我已知晓上述工作内容、地点、计划时间、人员分工、危险因素及防范措施，精神状态良好。 确认签字：

2.2 作业工序

2.2.1 作业组关键工序安全质量控制

序号	关键工序	安全风险控制	确认				
1	验电、挂接地线	1. 对线路逐相进行验电，验明线路确无电压后，即在线路上挂接地线。 2. 挂接地线时，先接接地端后接导线端，其接地端和导线端必须接触良好、可靠。 3. 接地线组件在杆塔上绑扎牢固，不得大幅摆动或掉落					
2	导地线锚固	1. 导地线锚固应使用钢丝绳，不得使用白棕绳、麻绳。 2. 牵引钢丝绳在卷筒上的卷绕圈数不得少于5圈，绳尾应固定在角桩上受力，并派专人看守。 3. 打角桩时不准利用树木或外露岩石作受力桩，一个锚桩上的临时拉线不准超过两根，临时拉线不准固定在有可能移动或其他不可靠的物体上					
3	放落待修补的导线	1. 全体作业人员均应戴好安全帽。 2. 作业位置下方禁止人员逗留。 3. 放落导线时，要防止转向滑车脱出，应及时进行检查，牵引绳内角侧严禁站人，防止意外跑线时抽伤					
4	压接补修	1. 在压接断线之前，必须严格校核断线尺寸及线号。画好印记后应立即复查，以保证正确无误。 2. 压接较长铝管时,为防止压后管口处导线松股,在液压前用白布或吊带等顺绞制方向将铝线裹紧，施压时避免导线尾线弯曲。 3. 导线的受压部分应平整完好，不存在必须处理的缺陷。 4. 液压的导线端部在割线前应先将线调直，并应有防止松散的扎线，切割时切口应与轴线垂直					
5	导地线恢复	1. 按照旧导线悬垂线夹安装位置在新导线上量取尺寸，上好预绞丝补修条，安装悬垂线夹。 2. 小材料、工具应装于随身工具包，防止掉落。 3. 塔上作业人员解开安全带前应先把要带下塔的工具整理好，检查有无其他遗留物。 4. 解开安全带后应抓牢塔材下杆塔，不得进行其他作业					
6	拆除接地线	确认本班工作人员均已撤离杆塔后，指挥拆除本班所挂接的所有接地线，并全部记入工作票					

2.2.2 工作监护

专人监护				是□	否□
杆号				登杆人	监护人

注 作业工序内容可按检修杆塔数量增加页数。

3 作业后

3.1 内业工作

序号	流　　程	要　　求	确认
1	班后会	工作总结、评价及相应措施	
2	GPMS 流程推进	作业管理相关内容填写、上传完整，发现、处理缺陷记录	
3	录音上传	安全措施交待录音	
4	作业文件归档	工作票、检修报表检查并归档	

3.2 作业评价

评价情况：经检查，本控制卡：□ 合格 / □ 不合格，存在____问题，已向____________指出。

检查人：________________

____年____月____日

3 现场勘察单

××电业局（供电公司）

电力线路工作现场勘察单

编号：××××

<table>
<tr><td>工作名称</td><td>×××kV××线×号～×号停电修补导线</td><td>勘察单位</td><td>××××</td></tr>
<tr><td>工作范围</td><td colspan="3">×××kV××线×号～×号</td></tr>
<tr><td>工作主要内容</td><td colspan="3">×××kV××线×号～×号下相受损导线停电开断重接</td></tr>
<tr><td>现场勘察情况图示（工作范围及保留带电部分图示或地下缆沟管线等布置图）</td><td colspan="3">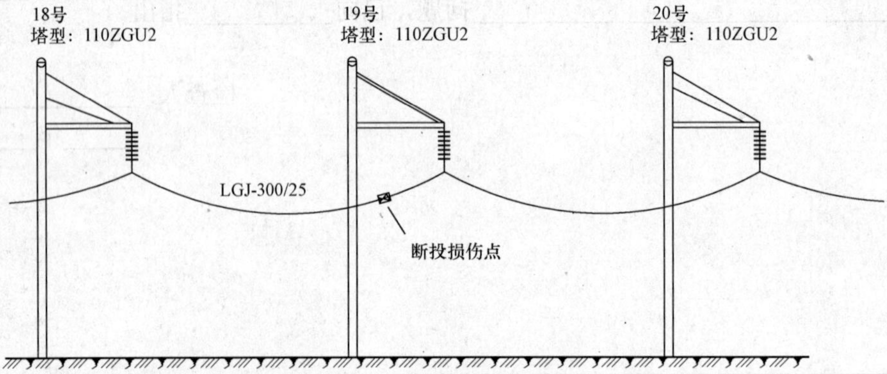
</td></tr>
<tr><td rowspan="7">现场勘察情况说明</td><td colspan="3">1. 邻近、交叉或跨越带电设备距离：</td></tr>
<tr><td colspan="3">无</td></tr>
<tr><td colspan="3">2. 工作地段周围环境：</td></tr>
<tr><td colspan="3">路边</td></tr>
<tr><td colspan="3">3. 地下管网布置情况：</td></tr>
<tr><td colspan="3">无</td></tr>
<tr><td colspan="3">4. 其他：无</td></tr>
<tr><td>现场工作安全要求</td><td colspan="3">×××kV×××路×号后侧、×号前侧挂接地线××××。</td></tr>
<tr><td colspan="4">审核：××× 勘察人：×××、××× 监理人：××× 勘察日期：××年××月××日</td></tr>
</table>

4 电力线路第一种工作票

电力线路第一种工作票

单位：＿××××＿　　编号：＿××××＿

1．部门：＿××××＿　工作班组：＿××××＿　工作负责人：＿×××＿

2．工作班人员（不包括工作负责人）：＿×××、×××、×××＿

共＿××＿人

3．工作线路名称（多回线路应注明双重称号）：＿×××kV××线＿

4．工作任务：

工作地点或地段（注明分、支路名称，线路的起止杆号）	工　作　内　容
×××kV××线×号～×号	下相导线开断重接

5．计划工作时间：自××年×月×日×时×分至××年×月×日×时×分

6．安全措施（必要时可附页绘图说明）：

应转为检修状态的线路间隔名称	××变电站：×××kV××线××间隔； ××变电站：×××kV××线××间隔
应断开线路上的断路器、隔离开关、跌落式熔断器（名称和编号）	
线路上应挂的操作接地线(应写明线路电压等级、名称、杆号和具体挂设的部位	
配合停电的线路	
其他安全措施和注意事项	

保留或邻近的带电线路、设备：＿＿＿＿

工作班组应挂设的接地线：＿＿＿＿共有＿×＿组

线路电压等级、名称和杆号（注明方向）	接地线编号		执行人	
	高压	低压	装设	拆除
×××kV××线×号后侧	××号			
×××kV××线×号前侧	××号			

工作票签发人（施工单位）：×××　××年××月××日××时××分

工作票签发人（运行单位）：______年___月___日____时___分

工作负责人：×××

7．确认本工作票1～6项。许可工作：

许可方式	许可工作的时间	许可人（含非本单位配合停电许可）	工作负责人
电话下达	××年××月××日××时××分	×××	×××
	年　月　日　时　分		
	年　月　日　时　分		

8．工作负责人现场补充安全措施（针对防止倒杆、高处坠落、物体打击等的现场安全措施）：

____

9．工作票延期，有效期延长到：_____年____月___日____时____分

延期原因：______________________________

工作负责人签名：____________　值班调度员签名：____________

10．工作人员变动：

增添人员姓名	日	时	分	工作负责人签名	离去人员姓名	日	时	分	工作负责人签名

工作负责人变动：原工作负责人________离去，变更________为工作负责人。

变动时间：___年__月__日__时__分，并已通知工作许可人____。工作票签发人：____

11．工作终结报告：

全部工作结束，工作班人员已全部撤离，现场已清理完毕，所挂接地线共_____组已经拆除。

终结报告的方式	终结报告的时间	许可人 （含配合停电许可）	工作负责人
	年 月 日 时 分		
	年 月 日 时 分		
	年 月 日 时 分		

12．备注：

（1）指定专责监护人：___________ 负责监护（人员、地点及具体工作）：__________

（2）监督负责人：____________

（3）其他事项：____

13．交任务、交安全措施确认：我对工作负责人布置的工作任务及安全措施已明白无误，所做安全措施已能确保我的工作安全。

工作班人员签名：____

____

____

____

14．评价情况：

经检查本票为_______票，存在____

____问题，已向________指出。

检查人：__________________

_____年____月____日

附录 A

导地线压接步骤及工艺

一、清洗

（1）对使用的线夹、牵引管，应用汽油清洗管内壁的污垢，并清除影响穿管的锌疤与焊渣。短期不使用时，清洗后应将管口临时封堵，并以塑料袋封装。

（2）线索的液压部分穿管前应以汽油清洗其表面污垢，钢绞线清洗长度不短于穿管长的1.5 倍，钢芯铝绞线清洗的长度对先套入铝管端应不短于铝管套入部位。

（3）运行过的旧导线，要先用钢丝刷将表面灰、黑色物资全部刷去，至露出银白色铝为止。

（4）在铝管压接部位均匀涂上一层导电脂，以将外层铝股覆盖住，用钢丝刷沿钢芯铝绞线绞制方向对已涂电力脂部分进行擦刷，将液压后能与铝管接触的铝股表面全部刷到。

二、割线及穿管

（一）镀锌钢绞线

用钢卷尺在钢绞线端头量 $0.5L$（L 为接续管长度），记号笔画印记 A；将钢绞线两端分别向管口穿入，穿入时顺绞线绞制方向旋转推入，直至两端头相抵，两端线上印记 A 与管口重合。如附图 A-1 所示。

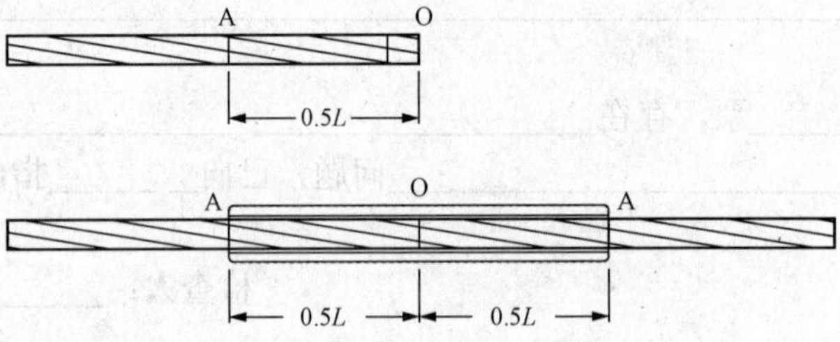

附图 A-1　镀锌钢绞线画印图

（二）钢芯铝绞线

1. 直线接续管（钢芯对接式）

（1）剥铝股：自端头量 $0.5L+\Delta L$ 画印记 N，确定导线铝股开锯点 N 后，向端头反向量 20mm 处用 18 号铁丝绑扎，用钢锯在 N 点处切断外层及中层铝股，在切断内层铝股时，只割到每股直径的 3/4 处，再将铝股逐股掰断。对铝股开断根部不平整处，用扁锉修平。切断铝股过程中需将钢芯扎牢。

（2）套铝管：铝管自钢芯铝绞线一端套入。

（3）穿钢管：将钢芯调直并保持绞制状态，从钢管两端穿入，穿入时顺绞线绞制方向旋转推入，直至两端头相抵，两端钢芯预留长度相等为止。

（4）穿铝管：钢管压好后，找出压后中心，自中心向两端各量半铝管长度画印记 A，将铝管顺铝线绞制方向向另一侧推入，至两管口与印记 A 重合为止。如附图 A-2 所示。

2. 直线接续管（钢芯搭接式）

（1）剥铝股：自端头量 $L+\Delta L$ 画印记 N，确定导线铝股开锯点 N 后，向端头反向量 20mm

处用 18 号铁丝绑扎，用钢锯在 N 点处切断外层及中层铝股，在切断内层铝股时，只割到每股直径的 3/4 处作为切痕，再将铝股逐股掰断。

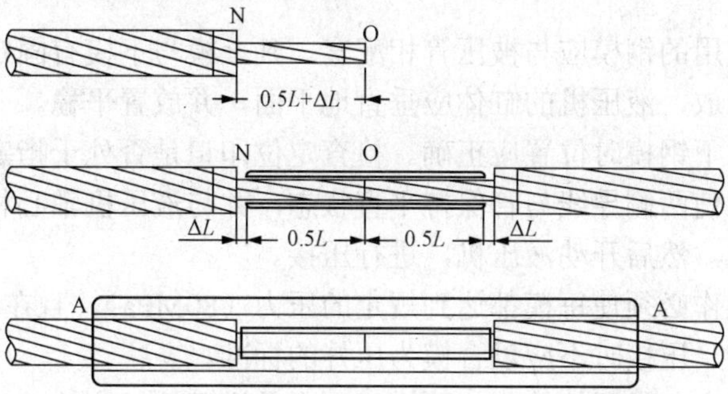

附图 A-2　直线接续管（钢芯对接式）画印图

（2）套铝管：铝管自钢芯铝绞线一端套入。

（3）穿钢管：将钢芯散股调直，使其呈散股扁圆形，一端先穿入钢管，置于钢管内的一侧；另一端与已穿入的钢芯相对搭接穿入（不是插接），直至两端钢芯各露出 3～5mm 为止。

（4）穿铝管：钢管压好后，找出压后中心，自中心向两端各量半铝管长度画印记 A，将铝管顺铝线绞制方向向另一侧推入，至两管口与印记 A 重合为止。如附图 A-3 所示。

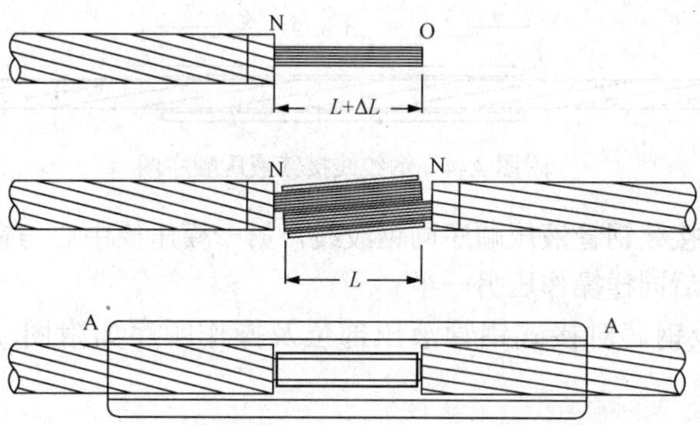

附图 A-3　直线接续管（钢芯搭接式）画印图

三、液压操作

（一）压接步骤

（1）把钢锚放到千斤顶中，压缩钢锚。

（2）从指示压缩开始的红色警戒标志开始。当压缩的时候，应该被确定一模重叠先前的压缩部分。重叠长度至少 5mm，大跨越液压重叠大约是 1/2 模的长度。

（3）用游标卡尺压紧钢锚，检查被压缩的钢锚尺寸，检查合格后喷涂富锌漆防锈。

（4）涂导电脂，穿铝管（根据设计要求，注入混合油型先慢慢把铝线夹滑动到钢锚上，用油枪往铝线夹中的注油孔注满混合油。把一个铝塞子放在洞上，用木制锤将铝塞子槌上）。

（5）把铝质线夹放到千斤顶中。标出箭头记号→指示压缩开始点。当压缩的时候，应该被确定一模重叠先前的压缩部分。重叠长度至少 5mm，大跨越液压重叠大约是 1/2 模的长度，压缩铝质线夹。

（6）用锉刀磨去压缩后的铝质线夹的飞边，用卡尺压紧线夹，检查被压缩的铝质线夹尺寸并记录。

（二）注意事项

（1）液压时所使用的钢模应与被压管相配套。凡上模与下模有固定方向时，则钢模上应有明显标记，不得错放，液压机的缸体应垂直地平面，并放置平稳。

（2）被压管放入下钢模时位置应正确。检查定位印记是否处于指定位置，双手把住管、线后合上模。此时应使两侧导线与管保持平直状态，并与液压机轴心相一致，以减少管子受压后可能产生的弯曲，然后开动液压机，进行压接。

（3）液压机的操作必须使每模都达到规定的压力（80MPa），且在 80MPa 持续施压 2s，消除压接管回弹影响，压接时不应以合模为压好的标准。

（4）施压时，国产各类压接管相邻两模间至少叠模压接长度的 1/3。

（5）各种液压管在第一模压好后应检查压后对边距尺寸（用标准卡具检查），符合标准后再继续进行液压操作。

（6）对钢模应进行严格检查，如发现有变形现象，应停止或修复后使用。

（7）已压部分如有飞边时，除锉掉外还应用细砂纸将锉过处磨光。

（三）操作顺序

（1）钢绞线接续液压时，第一模压模中心与钢管中心重合，向一端连续施压，半边压好后同样操作压另一半。如附图 A-4 所示。

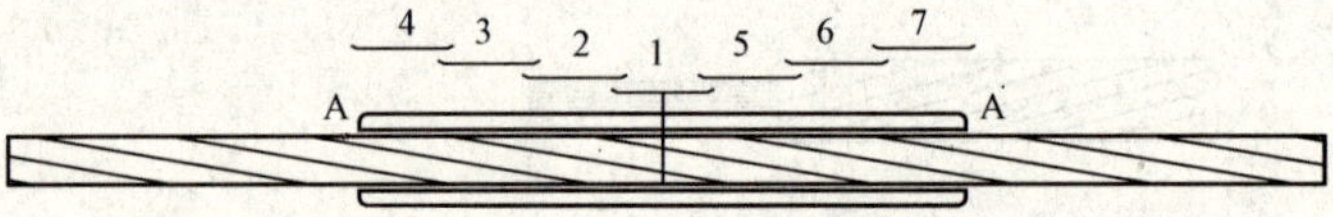

附图 A-4　钢绞线接续液压顺序图

（2）钢芯铝绞线接续钢管液压顺序同钢绞线，第一模压模中心与钢管中心重合，向一端连续施压，半边压好后同样操作压另一半。

（3）钢芯铝绞线钢芯对接式铝管液压部位及操作顺序如附图 A-5 所示，内有钢管部分的铝管不压。

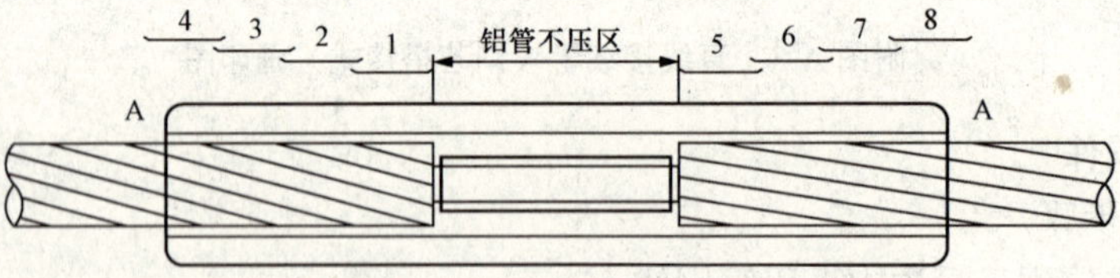

附图 A-5　钢芯铝绞线钢芯对接式液压顺序图

（4）钢芯铝绞线钢芯搭接式铝管液压部位及操作顺序如附图 A-6 所示，铝管全压。

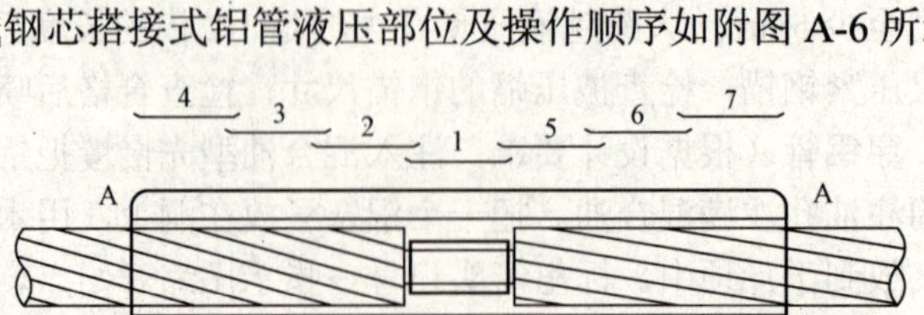

附图 A-6　钢芯铝绞线钢芯搭接式液压顺序图

（5）钢芯铝绞线接续补修管全压，液压部位及操作顺序如附图 A-7 所示。

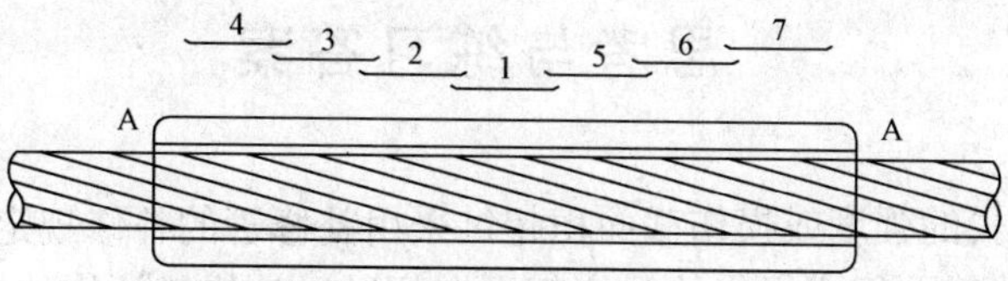

附图 A-7　钢芯铝绞线接续补修管液压顺序图

思考与练习答案

1．答：导线损失的强度或损伤截面积超过采用补修管的补修规定时：

（1）连续损伤的截面积或损伤的强度都没有超过以补修管补修的规定，但其损伤长度超过补修的能补修范围。

（2）复合材料的导线钢芯有断股。

（3）金钩、破股已便钢芯或内层铝股形成无法修复的永久变形。

2．答：导线在压接前净化处理的要求：压接前必须将导线连接部分的表面、连接管内壁以及穿管时连接管可能接触到的导线表面用汽油清洗干净，清洗后应薄薄地涂上一层导电脂，并用细钢丝刷清刷表面氧化膜，应保留导电脂进行连接。

液压连接导、地线需注意的要求：

（1）在切割前应用细铁丝将切割点两边绑扎紧固，防止切割后发生导、地线松股现象；切割导、地线时应与轴线垂直，穿管时应按导、地线扭绞方向穿入。

（2）切割铝股不得伤及钢芯。

（3）导线划印后应立即复查一次，并作出标记。

（4）液压钢模，上模与下模有固定方向时不得放错，液压机的缸体应垂直地面，放置平稳，操作人员不得处于液压机顶盖上方。

（5）液压时操作人员应扶好导、地线，与接续管保持水平并与液压机轴心相一致，以免接续管弯曲。

（6）必须使每模都达到规定的压力，不能以合模为标准，相邻两模之间至少应重叠 5mm。

（7）压完第一模之后，应立即检查边距尺寸，符合标准后再继续施压。

（8）钢模要随时检查，发现变形时应停止使用。

（9）液压机应装有压力表和顶盖，否则不准使用。

（10）管子压完后应锉掉飞边，并用细砂纸将锉过的地方磨光，以免发生电晕放电现象。

（11）钢管施压后，凡锌皮脱落等应涂以富锌漆。

（12）工作油液应清洁，不得含有砂、泥等赃物，工作前要充满液压油。